LETTRES

sur

L'EXPOSITION LYONNAISE.

Chez tous les marchands de Nouveautés.

Prix : 2 francs 50 cent.

LYON.
IMPRIMERIE DE L. BOITEL,
Quai Saint-Antoine, 36.

1836.

LETTRES A UN PARISIEN,

SUR

L'EXPOSITION LYONNAISE.

LETTRES

SUR

L'EXPOSITION

LYONNAISE.

Lyon.

IMPRIMERIE DE L. BOITEL,

Quai Saint-Antoine, 36.

1836.

LETTRES A UN PARISIEN

sur

L'EXPOSITION

LYONNAISE.

━━━━◦❈◦━━━━

Iᵉ LETTRE.

Mon cher ami,

Vous me demandez de vous entretenir du mouvement intellectuel de Lyon, cette ville remuante, sur laquelle depuis six ans ont été braqués les regards de la France; vous voulez que je vous donne une mesure de sa fermentation morale, et en quelque sorte une côte de ses produits artistiques. Hélas! nous ne connaissons guère ici d'autre côte que celle des soies ou des changes, et les produits des arts sont une marchandise peu estimée à Lyon, sans doute parce que l'intelligence des arts n'a que bien médiocrement pénétré à travers l'écorce de ses mœurs commerciales. La suite de cette lettre vous prouvera que cette triste vérité n'est pas une opinion éclose au hasard dans mon cerveau, mais le résultat de faits observés et appréciés.

Nous avons pourtant une Société des Amis des Arts et une Exposition de peinture qui a été ouverte au public le 10 novembre. La Société des Amis des Arts se compose de tous ceux qui ont voulu tirer de leur bourse la plus minime somme d'argent. Cet argent, récolté par un trésorier, a pour destination d'acheter annuellement un certain nombre de tableaux. Voilà le plan de l'œuvre dans toute sa simplicité ; ajoutez-y un président et un comité pour mettre à exécution les belles et louables intentions des souscripteurs, et vous applaudirez sans doute à cette entreprise locale.

Moi aussi j'ai d'abord battu des mains, malgré de vieilles et rancuneuses préventions. Depuis dix ans, le mot progrès résonne tellement à mon oreille, que l'existence de cette société me parut un pas de géant, jusqu'à ce que mes espérances, écloses sous l'aile de la théorie, se soient évanouies devant la pratique et l'inaptitude des hommes.

C'est certainement une chose bonne et honorable que d'aimer les arts. Combien de génies seraient morts étouffés par la difficulté de se faire jour, s'ils n'eussent rencontré un cœur né sous la même étoile ?

Bénissons la main qui aide l'artiste dans l'enfantement douloureux de sa célébrité !

Il faut convenir que la noblesse d'autrefois avait l'amour et le sentiment des arts ; elle comprenait que pour se maintenir au premier rang, tout ce qui passionne les hommes devait aboutir à elle. Aussi la protection qu'elle accorda aux arts fut-elle féconde en merveilles ! nos monuments l'attestent, et cette protection se perpétua de race en race comme

une partie précieuse du blason héraldique, se produisant toujours sous la forme d'un sentiment élevé. C'est que tout,
dans ses habitudes, ses mœurs, ses traditions, était de nature à lui inspirer l'amour éclairé des arts. Et qu'on ne s'imagine pas que ce sentiment puisse naître de l'instinct ou de
la bonne volonté. Il se rattache à un ordre d'idées particu-
lières, et à un ensemble de faits propres à développer le
sentiment de ce qui est grand et beau. Il y a quelque chose
d'héréditaire dans les facultés humaines, d'héréditaire par le
sang et plus encore par la contagion du milieu dans lequel
on respire. Comment un homme, parti de rien, dont tout
l'essor a été tendu pendant quarante années de sa vie, vers un
but exclusif de fortune, se trouverait-il, par le seul fait de
ce but atteint, nanti d'une série d'idées, de connaissances,
de qualités qui lui ont été jusque là étrangères. Véritablement cela est impossible ; car l'intelligence, si grande soit-
elle, ne donne pas ce qu'elle n'a point appris ; le caractère
n'efface pas non plus subitement les empreintes creusées par
la destinée ; et l'existence du commerçant, qu'est-elle, sinon une longue traversée de travail et d'économie, une idée
fixe d'opérations lucratives? A l'époque des cheveux blancs,
à cette époque où tout en nous devient plus inflexible, quelle
autre aptitude, quelle autre passion, pourrait tout-à-coup
s'élever dominante, victorieuse à travers les flots de la vie!

Aussi rien ne me paraît étouffant dans les arts, rien ne me
semble ridicule comme le patronage des gens de commerce.
Si ce patronage se réduisait à quelques écus détournés du
sanctuaire et jetés comme une folle dépense, à la bonne

heure ! Mais non ! Quand le commerçant donne son argent, il veut toujours en retirer pied ou aile ; l'habitude de calculer le produit de toute somme, l'empêche de concevoir le plaisir de donner, dans un but désintéressé, but d'ailleurs dont il nie ou ne comprend pas bien l'utilité.

C'est à cette dernière cause et dans des applications diverses qu'il faut peut-être attribuer l'allanguissement et le prosaïsme de l'art. Depuis que la classe industrielle s'est emparée de la prépondérance sociale, la source des grandes inspirations va toujours s'appauvrissant. Les arts, cette manifestation de l'idéalité humaine, ont sans doute peur de livrer leurs sublimes rêveries au mépris du positif commercial ; la poésie reste cachée au fond des cœurs, ou bien, mettant bas sa honte et prenant patente, elle fait métier et marchandise de sa beauté. Sous les caresses du bourgeois, la prostituée a vu ternir l'éclat de son front ; elle se traîne, impuissante et maladive, au contact de cette alliance monstrueuse, marchandant chacune de ses fantaisies, veillant sur ses allures et réduite au triste rôle de passe-temps.

Esclave, courbe donc la tête ! noble épouse, au lieu d'exalter les pensées de l'homme, fais des chansons pour endormir les enfants du maître ! Que tes pinceaux n'aillent plus s'inspirer au foyer de ton ame appauvrie ! Barbouille des enseignes, pour que tes œuvres pendent le long des rues, ignoble et lucrative galerie, ou bien travaille pour quelque musée de Versailles, espèce de bazar, où chaque œuvre portera le coin de la mesquinerie marchande et de la parcimonie constitutionnelle.

Ici, mon cher ami, cette pauvre poésie est encore plus maltraitée que chez vous. Lyon est un vaste laboratoire, enfermé entre les deux rives du Rhône et de la Saône, où, nuit et jour, l'homme spécule ou entasse. L'idéalité pourrait-elle vivre au milieu de ce bruit incessant de rouages et de machines ? Sans doute dans cette foule travailleuse, dorment enfouis des trésors d'imagination ; plus d'un poète meurt sans avoir promené sa plume ailleurs que sur un livre de caisse ; plus d'un grand peintre a dépensé sa riche organisation à chercher des dessins de schal ou de gilet. Voyez ! que de noms comtemporains devenus illustres, parce qu'entraînés par la fièvre d'une nature indomptable, ils rompirent le ban de la volonté paternelle qui les avait enchaînés à une profession de manœuvre ! Mais il leur a fallu chercher loin du pays l'air nécessaire à leurs poumons. — En peinture, peu de villes ont fourni un contingent aussi nombreux et aussi remarquable ; Bonnefond, Guindrand, Flandrin, Guichard, Cornu, Orsel, Biard, Duclaux, Lemot, Legendre Heral et bien d'autres que je ne cite pas. Ces hommes, qui ont poussé sur le sol de Lyon, n'y ont trouvé, presque tous, qu'un soleil ingrat, et des affections inintelligentes. La mère nourrice en eut fait plus volontiers des commis de comptoir, et c'est à peine si elle leur pardonne d'avoir eu foi en leur génie.

Vous êtes étonné peut-être que l'autorité locale ne lutte pas contre l'esprit étroit des mœurs commerciales. Sans doute elle pourrait exercer une salutaire influence, en prodiguant aux artistes les ressources d'une grande cité, en cherchant à attirer sur eux, par son exemple, la considération publi-

que. — Malheureusement, et surtout depuis les nouvelles
institutions municipales, le conseil de la Commune est le re-
flet brumeux des opinions et des mœurs de la classe riche.
La fortune et la vanité se disputent des fonctions, pour les-
quelles il faudrait un homme doué des plus rares qualités du
caractère et de l'esprit. M. Prunelle convenait, sous ce rapport, bien mieux que le maire actuel; il avait du moins de
vastes connaissances, un zèle éclairé pour tout ce qui se rat-
tachait aux sciences et aux arts, une appréciation exacte de
l'esprit bourgeois, et une certaine inflexibilité, qui le rendait
inaccessible aux mesquines influences.

Je ne crois pas que notre maire, M. Martin, possède les mêmes
qualités. Son administration ne fait pas grand bruit, et ne se révèle à moi que par les affiches municipales et les ordonnances
de proscription contre les chiens errants. Si je vous disais que
M. Martin, disposant de toutes les propriétés communales, n'a
pu mettre la moindre salle à la disposition de quelques artistes
qui rêvaient l'établissement d'un Conservatoire de Musique.
Tandis que Lille, Toulouse, Marseille, Montpellier, Nîmes,
fondent à l'envi des écoles musicales, Lyon n'a pas un pan de
mur pour abriter les tentatives individuelles faites dans la même
pensée. Et pourtant il y a ici un vaste bâtiment qu'on décore
du nom de Palais des Arts; dans un coin de ce palais sont re-
légués le Musée et l'école de Dessin. Devinez par qui ou par
quoi est occupé le reste? — Par un cabinet d'Histoire-Natu-
relle, et par la Bourse. — La Bourse dans le Palais des Arts!
Véritable symbole de l'amour de l'art dans notre cité! Sous les
voûtes profondes, au-dessus desquelles dorment les œuvres

de Rubens, on côte la rente, on vend des cotons et des huiles ; la vaste salle, ancien réfectoire de couvent, bourdonne comme une ruche d'abeilles ; à cinq heures du soir l'essaim commercial se réunit là pour continuer sa vie de travail et de lucre. La prière et le détachement des biens de ce monde ont été remplacés par la soif de l'or et l'égoïsme marchand. Je ne suis jamais entré dans cette grande salle, dont les parois sont garnis de colossales figures de saints, sans m'apitoyer sur le sort de ces malheureuses statues ; quel supplice pour elles, faites au silence claustral, à l'austérité de la règle, aux choses saintes, d'écouter dans leur immobilité forcée, toutes les infractions aux commandements religieux, qui se disent ou qui se font en ce lieu. J'ai peur quelquefois qu'il ne prenne fantaisie à l'une d'elles de descendre de sa niche pour aller saisir quelque Don Juan de l'épicerie. Hélas ! le temps où la justice divine faisait marcher le marbre est passé, et l'on peut souffleter la morale publique sans craindre même la main de la justice.

Il y avait encore dans ce Palais des Arts bon nombre de galetas sans service. Sous l'administration de M. Prunelle, on en avait fait arranger un certain nombre qui furent livrés aux artistes les plus éminents pour leur servir d'atelier.

M. Martin vient de les en chasser ; les empailleurs de lapins du Musée d'Histoire Naturelle, ne se trouvaient pas assez à l'aise dans la portion du bâtiment occupée par eux, on n'a rien trouvé de mieux, que de déposséder les peintres.

On pourrait s'amuser et rire de la nullité de nos potentats, si le public ne payait pas, en définitive, les sottises des rois.

Mais quand on voit la destinée de la seule religion qui nous reste, celle des arts, livrée aux mains des Welches, le rire s'en va bien vite pour faire place au plus triste découragement. D'autant que dans cette religion d'élite, la foi et le fanatisme ne sont donnés qu'à un bien petit nombre. La foule n'adore pas les divinités de l'intelligence; peu lui importe qu'on les outrage ou qu'on les dépouille. Nul n'a pris souci que M. Martin vint décrocher au Musée de la ville ses deux plus beaux tableaux, deux chefs-d'œuvre de *Vander-Meullen*, pour en faire une offrande courtisanesque au Musée de Versailles. Lui-même probablement n'a connu la valeur de ce qu'il a donné, que par l'insistance de la demande, et il a donné comme il pourrait faire de quelque vieillerie de son patrimoine; peut-être dans cette aliénation d'un trésor appartenant à la commune, n'a-t-il consulté ni le conseil municipal, ni le conservateur du Musée, tant la chose lui paraissait insignifiante : et nous avons, comme je vous le disais, une société des Amis des Arts dont M. le maire est président, et pas un de ses membres n'a poussé un cri d'indignation contre cette spoliation.

Je m'arrête; aussi bien pourquoi s'appesantir sur des choses affligeantes. Si cette lettre vous offre quelqu'intérêt, je reprendrai la plume pour vous entretenir plus en détail du comité de la Société des Amis des Arts et de l'Exposition. Ceci ne sera alors qu'une préface !

IIe LETTRE.

MON CHER AMI,

Le comité de la Société des Amis des Arts n'a pas été au-
delà du but matériel de son institution. Il a pris ses attributions, tout bonnement, raz de terre, sans se demander si le
mandat qu'il avait à remplir ne comportait pas l'examen des
questions d'art, sous un point de vue plus général. C'était
chose difficile que de se proposer un but moral, une direction
d'intelligence et de réforme à accomplir; et puis n'est-ce pas
un des caractères de l'époque actuelle que de marcher au hasard dans toutes les voies ouvertes ? N'est-ce point là ce qu'il
y a de désespérant pour ces esprits rêveurs, tourmentés de l'a-
venir, esprits malheureux et incompris, prophètes de douleurs, accusés de scepticisme parce que le présent heurte vi-

vement les aspirations de leur ame, esprits de critique et de pénétration, toujours flairant la vérité et à qui notre siècle apparaît comme une *nouvelle plaie des ténèbres?*

J'appartiens sans doute à ces hommes, car je passe pour une nature de révolte, ou tout au moins d'opposition. Et, à vrai dire, la bonne intention n'est pas pour moi une raison sans réplique. Dans les choses où l'intelligence me paraît encore plus nécessaire que la conscience, je ne saurais professer le respect des bonnes intentions. C'est pourquoi tout prêt que je suis à donner satisfaction à-celles, pures et excellentes, sans nul doute, de la Société des Amis des Arts, je me permets d'avancer que l'utilité de cette société aura fort peu de portée sur l'avenir artistique de Lyon, parce que, si j'en crois l'opinion des artistes, son comité de direction n'a peut être pas l'ensemble de connaissances spéciales et d'idées générales, nécessaires à cette œuvre.

Toutes les fois qu'il s'est agi de peinture ici, on est parti de ce principe, qu'il fallait protéger la peinture en vue de la fabrique lyonnaise. Vous le voyez, l'esprit commercial ne peut jamais s'isoler de son propre intérêt et s'élever à l'amour de l'art en lui-même ; on s'inquiète bien plus des dessinateurs de fabrique que des peintres, et, à vrai dire, ces derniers sont beaucoup moins nécessaires au négociant lyonnais que les autres.

Aussi, comme j'aime les choses franchement posées, je me demande pourquoi les efforts et les encouragements ne s'appliquent pas tout bonnement aux moyens de perfectionner cette partie essentielle de la fabrique lyonnaise. Pour cela il faudrait simplement multiplier les facilités d'enseignement et le circonscrire dans les études purement nécessaires. Mais il faudrait bien se garder d'ouvrir à deux battants les portes de la science, il faudrait ne pas éveiller l'organisation sommeillante du jeune artiste, en lui présentant la palette et le pinceau, comme un autre miroir magique, et alors pourquoi un Musée, pourquoi des professeurs de peinture historique, pourquoi une Exposition, pourquoi M. Bonnefond ?—M. Thierriat et deux ou trois autres suffiraient.

Mais non ! on veut à toute force avoir l'air de protéger les arts : c'est là une manie de grand-seigneur, que la riche bourgeoisie ne saurait laisser sans imitation. Le *bourgeois gentilhomme* est devenu, pour nous, un tableau de mœurs bien autrement vrai qu'au temps de Molière ; et que de gens prétendent protéger les arts de la même manière que M. Jourdan fessait de la prose !

Acheter des tableaux est bien, surtout si on sait choisir ; mais ce n'est qu'un des moyens secondaires de protéger cette partie de l'art. Ce n'est là, pour ainsi dire, que donner du pain à l'artiste ; il y a au dessus de ces nécessités vulgaires, des appétits d'ambition et de cœur, bien autrement essentiels à satisfaire, parcequ'en eux réside le mobile de la création. L'idée St-Simonienne était belle de poser l'artiste comme le prêtre de la religion nouvelle. Son rôle en effet devrait être grand ; car la parole de Dieu est véritablement en lui. Quand le bourgeois fléchira le genou devant cette puissance divine, il ne sera pas besoin d'une autre protection. L'art accomplira d'aussi grandes destinées que par le passé.

Brisez, brisez les mille liens qui garottent l'imagination

de l'artiste ! Balayez autour de lui le limon de dédain et d'humiliation dans lequel étouffe son génie. Quand son inspiration l'emporte au dessus des nuages, ne le faites pas retomber lourdement sur la terre, comme un cerf-volant dont vous coupez la corde. Qu'il soit le bien aimé de vos femmes, l'enfant de votre amour, l'orgueil de vos rêves. Que votre enthousiasme fasse bouillonner le sien, et lorsque, tout trempé de sueur, il vient chercher son salaire de gloire, ne le mettez pas en face de votre égoïsme ou de votre ignorance.

Laurent de Médicis était plus fier de Michel-Ange, que de la pourpre royale, et les anges de la Chapelle Sixtine émurent le monde en saints transports. Michel-Ange ! il est encore vivant à Rome, tandisque tous les Papes dorment dans leurs caveaux. Moïse raconte sa gloire. Mais, en ce temps, grands et petits s'agenouillaient devant l'artiste. Car dans la pensée des hommes le génie semblait le plus noble patrimoine de l'humanité, patrimoine légué à quelques uns, de siècle en siècle, comme aux premiers nés de la famille. — L'humanité n'était point un vain mot, exprimant l'ensemble des individus, c'était l'arbre où fermentait la vie sociale, vigoureuse, poussant au loin les innombrables rameaux de sa verte végétation, enfantant le génie, comme le fruit splendide de la sève commune.

L'arbre, certes, n'est pas mort, mais les générations présentes ont poussé le long de ses racines, frêles rejetons, se disputant l'air et la place au soleil, arbustes solitaires, accomplissant leur vie végétative. Où est la fleur lumineuse dont le parfum réjouissait la terre? où est l'artiste, fruit de

la sève humaine , auquel tous venaient mordre pour désal-
térer la soif de leur intelligence? Cherchez-le parmi les broussailles du chemin ; à peine si le passant daigne jeter sur lui
un regard d'ignorante curiosité.

C'est que bien peu comprennent que l'art est une question
sociale , dont la solution ne peut pas s'isoler de toutes celles
qui s'agitent dans les entrailles de la société actuelle, et que sur
ce point, comme sur les autres, nous sommes (le terme est
consacré) dans une époque de transition. — Temps de dé-
composition qui doit nous conduire à de merveilleuses destinées! — Travail laborieux , semé de douleurs et d'avorte-
ments , que les St-Simoniens ont caractérisé avec leur déno-
mination d'époque critique ; et dans cette transformation qui
s'élabore, la mission de l'artiste est grande ; car il lui a été
donné d'agir sur tous les sens de l'homme. Le prêtre ou le
philosophe parlent à sa raison, le poète soulève les émotions
du cœur et lui révèle les pensées les plus intraduisibles. Le
prêtre est à demi-mort sous les ruines de la foi affaiblie , le
philosophe a parcouru jusqu'au plus petit sentier du raison-
nement, et chacun de ses pas rencontre l'empreinte de pas
antérieurs ; le poète seul monte si haut, qu'il découvre l'horison sans borne de l'infini, et peut-être sera-t-il le messa-
ger de la bonne nouvelle!

Vous trouverez sans doute , mon cher ami , et vous aurez
raison, qu'à propos de la Société des Amis des Arts , je m'en-
vole aussi dans les champs de l'infini. C'est que j'aurais voulu
lui communiquer un sentiment plus complet de la mission
qu'elle s'est donnée. N'est-ce pas se réduire à bien peu que

2

de circonscrire son action à l'achat de quelques tableaux, pour les disperser entre les plus heureux des sociétaires. Détestable combinaison d'ailleurs, qui livrera au hasard l'avenir des plus beaux tableaux de l'Exposition ! Qui sait quel maître doit leur donner le sort, et plus d'un est déjà à jamais perdu pour le public. Ne valait-il pas mieux convier les artistes à des ouvrages d'art dont la propriété et la conservation eussent été plus tard confiées à la ville ?

Pourquoi n'aurait-on pas mis au concours l'embellissement des monuments publics sur des sujets pris dans l'histoire de Lyon ? Quel enseignement pour les masses et quel mobile pour les artistes ! Il ne manque pas de murs à couvrir dans le palais Saint-Pierre ou à l'Hôtel-de-Ville ; en fouillant dans les souvenirs de notre histoire locale, que d'images comme celles de Jacquard et du major Martin à reproduire ! que de monuments de reconnaissance à élever à de grandes vertus oubliées !

Mais pour cela que faudrait-il ? des hommes, parmi ceux qui conduisent le monde, des hommes comme Laurent de Médicis, des hommes comme Jules II, comme Paul III...

Mais venez ! entrons au salon, cela vaut mieux que de disserter en vain ; je n'aurai plus qu'à vous raconter et à chercher à pénétrer avec vous dans la pensée intime qui a présidé aux travaux que nous allons visiter ; je tâcherai de vous initier à toutes les ambitions de l'artiste ; spectacle digne d'intérêt, même quand le succès manque à l'œuvre !

IIIᵉ LETTRE.

Commençons par les peintres d'histoire, parmi lesquels vous trouverez d'anciennes connaissances. Voici d'abord le tableau du *Bien* et du *Mal*, que vous avez vu, il y a deux ans, à l'Exposition de Paris, tableau d'imitation qui pourrait être daté d'une époque fort antérieure à la nôtre. Le sujet et l'exécution de ce morceau appartiennent à des temps finis, et l'on peut le considérer comme la reproduction patiente d'une école dans laquelle on voudrait emprisonner la perfectibilité de l'art. La coterie de M. Ingres a, sous ce rapport, d'étranges prétentions ; elle ressemble à ces vieux royalistes pour qui le monde s'est arrêté à 89, et qui tiennent pour non avenus la Révolution et l'Empire. Les Ingristes, eux, ne vont pas au-delà de Raphaël ; mais en revanche, ils redescendent, aussi loin qu'on le veut, la période d'art qui a précédé ce grand maître. Giotto et Cimaboula sont les pivots de leur admiration ; ils raffolent de la naïveté de l'expression et de la finesse du trait. M. Ingres, par son talent incontestable, a eu le malheur de donner un succès momentané à cette école rétrograde, qui n'a, par la nature de ses opinions, aucun avenir devant elle.

Guichard a envoyé deux tableaux qui ont paru bien au-dessous de ce qu'on attendait de lui. Le sujet de l'un est tiré de la fable du *Meunier, son Fils et l'Ane*; l'autre est une des belles scènes d'*Hamlet*. Je ne discuterai pas les reproches faits à ces deux tableaux, reproches qui paraissent fondés. Le peintre a mal compris son œuvre et comme composition et comme exécution. Moi pourtant je lui pardonne la médiocrité de ces deux tableaux, parce que la pensée première, celle qui a dicté le choix des sujets, me paraît pleine d'avenir. J'y vois l'homme cherchant autre chose que ses devanciers ou ses contemporains, qui travaille en vue d'un but raisonné, et non en s'abandonnant à une simple fantaisie d'artiste. Guichard croit qu'un tableau doit correspondre à une idée ou à un sentiment public, et il s'est demandé quelle était l'idée ou le sentiment de l'époque. L'épopée chrétienne et l'épopée mythologique ont perdu leur puissance impressive, et d'ailleurs ces deux mines ont été fouillées et épuisées, si fort et si bien, qu'il serait difficile de faire dans la même voie, mieux ou nouveau. Guichard s'est donc adressé à des vérités simples et communes, comme celles de la fable de La Fontaine, on à des sentiments généraux et élevés, comme la pensée d'Hamlet en présence d'un squelette humain. C'est beaucoup que d'avoir compris son époque et de marcher au flambeau qui l'éclaire. Ceux qui copient Raphaël, Rubens ou David, que peuvent-ils vouloir? qu'on étudie les qualités de ces maîtres pour les appliquer à d'autres inspirations, à la bonne heure! qu'on cherche à s'emparer de la langue avec laquelle ils ont si poétiquement exprimé les idées de leur temps, je l'approuve fort; mais ne pas distinguer la pensée qui imagine, de la main qui exécute, c'est s'emprisonner dans un système de servile imitation qui ne saurait aller aux allures d'un talent véritablement original. Guichard, lui, me parait avoir compris cela, et c'est pourquoi je m'intéresse vivement à ses œuvres. Vous rappelez-vous sa figure du suicide, cette maladie du siècle? comme le sujet avait inspiré la main, et que d'espérances on était en droit de concevoir. —Attendons!

Le tableau du *Dante*, de Flandrin, est sans contredit le morceau capital de l'Exposition; Flandrin est pourtant un jeune élève de Rome, et ce tableau est son début. Certes, dans ce début il y a toutes les qualités qui constituent un grand peintre. La conception de cette œuvre est remarquable de simplicité et de poésie; il était difficile de rendre d'une façon plus claire, plus visible et en même temps plus élevée, la pensée morale qu'exprime cette grande scène. Le long d'une espèce de corniche, suspendue aux flancs d'une montagne à pic qui se prolonge sinueusement jusqu'au fond de l'horison, éclairée par un jour morne et ténébreux, est couchée la troupe des envieux, tous immobiles et frappés de cécité.

Rien de plus lamentable que ces figures diverses d'âge, de traits, de pose, semblables seulement par l'unité de l'expression, comme si l'empreinte d'un même vice et d'un même malheur en avait fait une même famille. Il y a surtout parmi eux une admirable figure, plus endolorie encore que ses compagnons, comme si la virilité de son âge donnait plus d'énergie à sa souffrance. Il faut voir l'accablement du malheureux! tout son corps est affaissé et semble sortir de la toile ; et plus loin comme ce vieillard au contraire est prudemment assis. Celui-là n'est plus dévoré par la chaleur de son sang ; on dirait d'un vieux forçat qui a eu le temps de polir son remords, comme celui-ci a poli sa chaîne. Le Dante, lui, est une belle personnification de l'intelligence ; c'est bien là l'homme qui a livré son corps à l'action dévorante de l'esprit. *La lame a usé le fourreau* ; le travail et la contemplation ont voûté la taille du poëte, ont amaigri ses membres, et pourtant on les sent se mouvoir sous sa longue robe rouge. Le profil est plein de noblesse. Cette figure révèle le penseur et le poëte, qui a tellement sondé les imperfections humaines, qu'il a pour elles plus de pitié que de mépris. Virgile, au contraire, paraît fait au récit de ces hommes et comme habitué à leurs plaintes ; cette figure sent l'idylle, et rappelle peut-être un peu trop le :

Tityre, tu patulæ recubans sub tegmine fagi.

Deux autres tableaux de Flandrin dénotent davantage l'influence de M. Ingres : *Euripide* composant ses tragédies dans une grotte de l'île de Salamine, et un *berger romain*

assis au pied d'un olivier. Le tableau d'*Euripide* n'a de l'auteur tragique que le baptême et le crayon, et pourrait s'appeler tout ce qu'on voudrait. Je suis resté parfaitement froid
devant ces deux figures académiques.

On peut prédire de belles destinées à Flandrin, s'il poursuit sa route en s'abandonnant aux inspirations de son ame.
Il a atteint la cime de la science ; tout ce qu'un travail per-
sévérant fait acquérir, il le possède ; son pinceau est facile,
sa touche pleine de ressources, son dessin correct et noble.
il est poète et peintre ; l'atmosphère de l'Italie le soumet
encore, à son insu, aux traditions de l'antiquité et du moyen-
âge; mais lorsque quelques années auront passé sur sa tête,
la puissance de son organisation se fera jour, balayant toute
influence qui ne sera pas celle de sa propre individualité.

Les Flandrin sont trois frères, doués chacun d'une remarquable organisation naturelle. L'aîné a exposé quelques por-
traits où se montrent tous les germes d'un talent réel ; malheureusement il s'enterre à Lyon et s'y perd ; au lieu de
suivre l'exemple de son frère, il laisse s'épaissir chaque jour
la couche de paresse et d'habitudes, qui le retiennent ici. On
lui rendrait service de le faire saisir par des gendarmes et
conduire à Rome de brigade en brigade. Peut-être serait-ce le
seul moyen de sauver les précieuses facultés qu'il gaspille ici
sans gloire et sans profit.

Je voudrais être juste en parlant de Bonnefond, car
c'est un homme d'esprit et de talent. Peut-être son organisation complète sous le rapport du mécanisme, ne l'est-elle pas
sur d'autres points essentiels. On dirait que la pensée créa-

trice fait défaut aux qualités d'exécution que l'étude et l'expérience lui ont donné. Je ne sais, mais les compositions de cet artiste, auxquelles il est impossible de ne pas accorder un mérite réel, n'éveillent en moi aucune des émotions que le peintre a eu en vue de produire. Je suis bien le travail de l'homme, mais je cherche vainement cette espèce d'émanation de l'ame, répandue sur son œuvre, pouvoir mystérieux, qui met l'artiste en communication avec le public. Certainement *le Vœu à la Madone* est une bonne chose. Le dessin est correct, les figures sont étudiées et bien rendues; le peintre a même triomphé heureusement de la façon un peu bisarre dont la scène est éclairée, et pourtant rien ne me remue dans cette composition, pas même l'agonie de cet enfant qui souffre, et la douleur de cette mère qui prie. Il me semble qu'un enfant qui se meurt, une mère qui prie pour lui, doivent ressembler, l'un à l'enfant, l'autre à la mère, et je demeure impitoyablement inaccessible à toute espèce d'attendrissement. Est-ce que le travail et l'habileté ont remplacé l'inspiration? je le croirais! Deux têtes de moines, que Bonnefond a exposées m'en fournissent la preuve. Dans ces têtes, qui ne sont pour ainsi dire que des études, la vie matérielle est scrupuleusement rendue; ce sont des figures où pas un nerf n'a été omis, où toute chose est à sa place; mais le sentiment intérieur, ce feu qui doit illuminer les visages de ces cénobites, où est-il? Cependant, moi, j'y cherche, comme par instinct, la révélation des souffrances de la cellule, l'habitude de la compression de la chair, le travail de la pensée et de la contemplation, l'espérance d'une vie éternelle achetée au prix

de tout ce que la vie matérielle offre de jouissances, et je ne
trouve l'expression d'aucune de ces pensées, qui ont dû
pourtant occuper pendant de longues heures de la nuit et
du jour le front de ces religieux. Peut-être cette absence
d'expression idéale tient-elle aux opinions de Bonnefond,
que je crois fort incertaines? Il cherche avec effort le sentiment et l'expression, mais il les cherche dans des moyens,
dans des principes d'art, et non dans le résultat de sa propre
sensation. Tantôt il espère les atteindre par l'adoption d'un
système de couleur, tantôt par le dessin. Il ne voit pas qu'il se
préoccupe exclusivement de la forme, et non des causes qui
affectent la forme et lui donnent une puissance révélatrice.
Aussi sa peinture est-elle laborieuse; on sent que l'enfantement a été difficile, on assiste presque aux tâtonnements suc-
cessifs de l'artiste, et l'œuvre arrive à bonne fin, dépourvue
de cette touche vigoureuse et large, qui caractérise les choses
profondement senties.

La *Glaneuse*, qui est, à mon avis, le meilleur morceau
exposé par Bonnefond, est aussi celui où il s'est montré le
plus naïf. La couleur est plus franche, la lumière plus natu-
rellement répandue, quoique peut-être encore avec trop
d'ambition d'effet.

Que j'aime donc cette belle tête italienne de Court! c'est
bien là une chanteuse de café, une coureuse napolitaine,
avec ce type de beauté antique qu'on rencontre si souvent
dans ce pays, parmi les filles et les Lazarroni. Comme les lignes du visage sont grandes, pures et régulières, et en même
temps quelle expression lascive, quelle ardeur dans le re-

gard, quelle volupté dans la bouche, non pas cet air de volupté rêveuse de nos femmes, mais celui qui provient de la violence du sang; tout est franc, tout est réel dans cette tête; le peintre, à force d'être vrai dans la forme, l'est devenu dans l'expression. Je crois qu'il lui était plus facile de rendre celle particulière à ce visage, parce qu'elle était d'une nature matérielle et extérieure. Sous ce rapport, elle rentrait d'ailleurs plus spécialement dans le talent de Court, à qui on peut reprocher, peut-être, de manquer d'idéalité. Aussi le voyons-nous affectionner le jeu des passions violentes et rechercher l'action musculaire plus que l'effet des sentiments profonds et retenus.

Quoiqu'il en soit, cette tête de chanteuse est admirable; elle le devient plus encore, quand on la compare avec un portrait de femme, à peu près de même dimension, peint par Madame Brune, et qui a eu ici un succès populaire. Figurez-vous tout ce qu'il y a de plus léché et de plus pommadé, un portrait à la Dubuffe, avec un peu plus de finesse pourtant; une robe de soie, à moitié décrochetée, laisse voir en son entier un des seins de la femme; je serais tenté de croire que cette circonstance est une des principales causes du succès de ce tableau.

Les *Banquistes* de Biard ont subi l'honneur de l'exposition, malgré l'opposition de l'auteur, qui ne trouvait pas les Lyonnais dignes d'admirer son œuvre. Peut-être avait-il raison; pour ma part, j'ai éprouvé fort peu d'enthousiasme; les tableaux de Biard, et particulièrement celui-ci, ne me font pas rire. A force de chercher l'esprit et l'antithèse, on tombe dans la prétention ; et la charge, pour être bien, doit, avant tout, être faite avec naturel et bonhommie.

Voici encore un jeune peintre du terroir, Jacquand, qui, pour son malheur, paraît doué d'une prodigieuse facilité ; le mirage de la palette l'abuse ; au lieu de se donner la peine d'étudier et de chercher la vérité, il l'invente, c'est plus tôt fait et plus piquant. Mais avec ce système, on reste éternellement dans le faux, et ce serait dommage que l'organisation brillante de Jacquand faillit à une meilleure destinée. Son *Comminge* est un mauvais tableau, mauvais de composition, mauvais de couleur, mauvais de dessin, mauvais de style. Jacquand affecte trop les expressions forcées ; presque toujours il donne à ses personnages des poses exagérées ou une gesticulation de mélodrame. C'est de la peinture à gros effets ; l'inspiration y est toute de tête et point du cœur. Le parti pris se révèle, tantôt par des combinaisons de lumière, tantôt par le fini de certains accessoires, qui quelquefois rappellent les Flamands, et la pensée principale est la chose dont l'artiste s'occupe le moins. — Ainsi dans *Cinq-Mars* et dans la *Scène de la Fronde*, j'admire volontiers le fini d'une hallebarde ou d'une arquebuse, le rendu d'une étoffe ; quant au sujet, je n'en trouve l'indication que sur le livret.

Que peut-on écrire sur Granet qui ne soit une répétition d'éloges et d'admirations. Cet artiste, l'une des réputations actuelles les plus incontestées, a envoyé un *Intérieur de couvent*, digne en tous points de ses œuvres passées. La composition de ce tableau est à peu près la reproduction de ceux que vous connaissez de ce maître. Granet possède parfaitement l'expression monastique, et il sait répandre sur ses scènes de sanctuaire une harmonie de lumière, et dans ses figures de moines une variété de mouvements et d'attitudes nécessaire pour rompre l'uniformité du sujet.

Les peintres du renom de Granet dédaignent trop souvent les Expositions de province ; nous devons donc le remercier d'une modestie qui nous a procuré d'aussi vives jouissances. Nous espérons que la Commission ne se montrera pas moins reconnaissante que nous, et que ce tableau remarquable restera à Lyon.

Le *Don Diégo* de Lehmann a quelque chose d'espagnol ; la tête est étudiée ; le caractère en est sombre et va bien au sujet. En somme, c'est une bonne étude qui dénote que le peintre chemine dans une bonne voie.

Je n'en dirai pas autant de Perlet, qui paraît se proposer pour problème l'imitation mécanique de quelques anciens maîtres. Cet artiste fait ses tableaux comme le luthier Villaume fait ses imitations de *Stradivarius.*

Cornu a exposé un sujet tiré du poème des *Amours des Anges* de Thomas Moore. Cette petite composition est charmante ; elle a toute la conscience et la simplicité du talent de Cornu. L'ange vole avec toute la force du désir ; on voit qu'il fend l'air, le cœur chargé d'émotion. La couleur de ce tableau est un peu grise : c'est le défaut ordinaire du peintre ; mais le sujet est rempli d'idéalité, et l'on ne comprend pas que la Commission n'ait pas acheté cela.

J'allais oublier le *Feu follet* d'Achille Devéria, et, à vrai dire, on risque presque le sort de la jeune fille, en courant après ce petit tableau, tant il est difficile de l'atteindre. Rien de plus gracieusement conçu et de plus délicatement exprimé. La touche de cette petite esquisse est aussi fine que la pensée en est légère. Ce tablotin est un bijou mignon et distingué.

L'*Odalisque* d'Eugène Devéria n'a pas le même mérite.

Je ne vous cite les *Joyeux Amis* de Ducornet que pour mémoire et à cause du tour de force. Ducornet, né sans bras, dessine et peint avec un pied; il aurait pu, ce me semble, choisir une profession plus appropriée à son infirmité.

Je vous fais grâce d'une foule de misérables productions, ébauches informes, conceptions ridicules, auxquelles il est fâcheux d'avoir ouvert les portes du salon. S'il y avait des gens, assez stupidement aveuglés sur le mérite de leurs œuvres, pour vouloir effrontément en faire subir le spectacle au public, fallait-il que la Commission y prêtât la main ? Prononcer un premier jugement était dans ses attributions ; elle est donc inexcusable d'avoir admis des tableaux par trop mauvais, à moins qu'elle n'ait péché par ignorance. Ainsi, il y a une famille qui a envoyé en masse, père, mère, enfants ; et quels tableaux! ce sont toujours des Turcs ou des Grecs, des hommes tués ou noyés, des yatagans ou des poignards. Cette famille a des instincts de meurtre prodigieux.

C'est un honneur que d'être admis à une exposition publique; il faut au moins en être digne par une certaine somme de talent. De même qu'un honnête homme rougit de se trouver en mauvaise compagnie, de même un artiste de mérite voit avec regret l'enfant de son génie accolé à quelque

conception bâtarde ; et n'est-ce point d'ailleurs montrer peu
d'estime pour le public , que de lui présenter des productions
au-dessous du médiocre.

Ma prochaine lettre vous parlera des paysages et des por-
traits.

IV. LETTRE.

MON CHER AMI,

Je vais vous faire voyager à travers les plus beaux pays
du monde. Nous monterons ensemble sur les plus hautes
montagnes de la Suisse, nous glisserons sur ses lacs, et puis
je vous entraînerai dans les vallons du Dauphiné, si riche
de sites variés ; des bords de la Méditérannée, éblouissants
de vie et de lumière, nous irons rêver le long des falaises
brumeuses du grand Océan. Je vous montrerai la mer sous
tous ses aspects, la terre dans toutes ses parures ; les sables
de l'Orient, les forêts vierges du Nouveau-Monde, les ruines
de l'Egypte passeront sous vos yeux.

Je vous parlerai d'abord de Guindrand, le peintre de l'espace, l'homme aux lointains horisons, qui ne se trouve à

l'aise qu'au milieu d'un vaste pays. D'autres vous prennent un petit coin de terrain, à peu près de la dimension dont les bons bourgeois de Lyon font leurs maisons de campagne, et puis, avec quelques arbres, une fabrique, un petit ruisseau, deux chèvres, une vache, un ciel nuageux, ils vous font un paysage. Guindrand, lui, a, comme le Juif errant, l'insatiabilité de l'espace; aussi ses tableaux sont-ils plutôt des pays que des paysages; l'œil s'y enfonce et y découvre une longue route à parcourir. La magie des plans est poussée aussi loin que possible; les effets généraux s'y trouvent reproduits avec une vérité parfaite. Ses compositions sont simples et reçoivent de leurs vastes proportions un caractère de grandeur ineffable. A ce mérite incontestable, Guindrand joint un éclat de coloris, une fermeté de touche, une facilité de travail et une entente d'effets qui donnent une puissante séduction à ses ouvrages. Peut-être pourrait-on lui reprocher de se piller lui-même; quelques-uns de ses tableaux ont un air de parenté qui tient plus à l'individualité de sa manière qu'à des analogies de compositions. Il y a des choses que Guindrand affectionne, parce que peut-être il les rend avec plus de perfection; les terrains, par exemple, certaines espèces de fabriques; mais quel est le peintre à qui cela n'arrive pas?

Arrêtez-vous devant cette plage du Nord! quelle admirable perspective! regardez long-temps cette grève solitaire et cette mer immense, et vous n'aurez rien dans le cœur, si vous ne vous sentez pas saisi par le rêve de l'infini. Suivez les lignes de ce tableau; il est fait avec rien : point d'accessoires pour distraire le regard, point d'action pour éveiller la pensée, et pourtant le regard et la pensée ne peuvent se détacher de cette grande scène. Tous les mystères de la création sont là, et ils racontent à l'ame une merveilleuse poésie.

Arrachez-vous de cette belle contemplation, je vais vous transporter dans un petit Oasis de verdure. Voyez-vous ce petit cadre qui n'a pas un pied de long ? je voudrais être enfermé dedans. Pourquoi n'ai-je pas ce coin solitaire ! comme il est champêtre ! comme cette prairie est verte et vierge de pas humains ! comme l'air est calme, la vie tranquille ! A l'horison les belles montagnes qui enserrent la colline ! Pierre Schlemil vendit un jour son ombre au diable, et le diable l'ayant découpée, la mit dans sa poche, si bien qu'il eut la silhouette la plus parfaitement ressemblante de Pierre Schlemil. Guindrand semble aussi avoir découpé ce coin de terre, et l'ayant mis dans son carton, nous l'a exposé comme son œuvre.

Sa *Vue prise sur les bords de l'Isère* est, à mon avis, une excellente chose. Elle produit au salon peu d'effet, soit que cela vienne de la place qu'elle occupe, ou de la finesse et de la vérité de la composition. J'apprécie beaucoup moins que le public la *Vue de Naples*. Cette marine a attiré la foule : il me semble, à moi, que ce tableau a reçu un coup de soleil.

La *Vue prise à Goncelin* et la *Vue des bords de la rivière d'Ain* justifient tout ce que je viens de dire du talent de Guindrand. Le caractère propre à chaque pays est dans chacun de ces tableaux religieusement reproduit. Dans le second, on reconnaît la Bresse à l'aspect du pays plat et marécageux; le roseau et le jonc y étalent leur végétation fiévreuse.

Depuis quelques années, Guindrand a prodigieusement grandi. C'est là le propre d'une organisation féconde. Je le crois appelé à prendre place un jour au premier rang parmi les peintres de paysage. Homme de travail, investigateur patient, sachant s'approprier ce qu'il découvre de bien dans les autres, cherchant la vérité dans l'étude de la nature, et non en se creusant la tête, il doit dans l'avenir accomplir de grandes choses.

Il n'y a pas un coin de terre dans le *Sauvetage* de Gudin. — Le ciel et l'onde! — la mer dans toute sa rage! le ciel, couvert de ténèbres, assiste par un trou de l'horison à la lutte de l'homme contre l'élément. Quel désordre dans cette mer! quel mouvement dans cette masse immense! C'était une grande hardiesse que de nous mettre en présence de la pleine mer, et de nous saisir par la vérité du spectacle, avec si peu de variété dans les moyens. Gudin a triomphé complètement de la difficulté, et son tableau est une des choses les plus attachantes que j'aie vues. — Le seul reproche que je lui ferai, c'est d'avoir eu trop de pitié de sa barque et de ceux qu'elle porte. — La barque glisse trop facilement au milieu de cette tourmente horrible. — Ceci n'est qu'une légère imperfection dont on s'aperçoit à peine sous l'empire de l'harmonie triste et imposante du tableau.

Venez voir la différence d'une *Tempête sur le lac de Genève*, tableau de Diday acheté par la Commission. Ce n'est plus la grosse voix de l'Océan, la sombre magnificence d'une solitude infinie, ce n'est plus la ténébreuse couleur d'une mer qui défie la sonde; ici la tempête est pleine de modération et de savoir vivre; elle secoue bien un peu les bateaux qui s'aventurent sur le lac; mais elle ne les poursuit pas impitoyablement jusqu'à ce que mort s'en suive. Le bord d'ailleurs, comme vous le voyez, n'est pas difficile à atteindre. Certainement vous n'éprouvez aucune terreur, ni moi non plus. Ces vagues sont trop poliment élevées, et s'acquittent de l'exercice du va et vient avec beaucoup d'ensemble. Dans le *Sauvetage* de Gudin, elles se choquent, elles se brisent, elles s'éventrent, comme il convient à une mer peu civilisée. Mais à Genève, où fleurit la morale la plus méthodique, il ne saurait en être ainsi, et la nature elle-même doit se soumettre à certaines lois d'ordre et de convenance.

Allons nous reposer sur les bords du lac de Thunn; cela vaut mieux; là, Diday est dans son élément: Diday est Suisse, il a toutes les qualités et tous les défauts de son pays. Ses tableaux sont pleins de fraîcheur et de repos; mais je trouve sa végétation trop crue, et le miroir de ses eaux trop poli. Dans le paysage du Grimsel, il a bien rendu le caractère de grandeur et de force, particulier aux hautes montagnes de la Suisse. A mon avis, c'est là son meilleur tableau.

Un peintre, qui fait peu de bruit et que je classe très-haut, c'est Thuilier. Ses ouvrages sont dispersés dans les diverses régions de la salle, et attendent modestement que l'œil tombe dessus. Point de clinquant, rien d'échafaudé; ce sont des coins de verdure, des prairies, toutes plantées de grands arbres, des clairières dans une forêt, un moulin, alimenté par un étang ; point de grands horisons, de montagnes qui échellent les unes sur les autres ; mais quelle vérité dans l'exécution de chacun de ces réduits simples et solitaires ! comme la nature est bien observée et rendue scrupuleusement dans chaque détail ! rien qui sente l'arrangement ; chaque arbre, chaque arbuste a dû pousser à la place où il se trouve ; les eaux coulent limpides et claires le long de la cascade du moulin. Tout cela serait parfait de conscience et de réalité, s'il y avait plus de lumière. Le moulin de Walzin et la forêt des Ardennes peuvent être considérés plutôt comme des études, mais des études supérieures à une foule de tableaux.

Connaissez-vous Duclaux ? Moi, j'avais peu entendu parler de lui, et je ne le supposais pas doué d'un talent aussi remarquable ! Quelle vie il y a dans ses animaux ! Son genre est tout spécial, mais il serait difficile d'être plus complet dans cette spécialité. Il a exposé quatre scènes différentes et on ne saurait pousser plus loin la vérité d'observation. La vie particulière à chaque animal est traduite avec la fidélité et le sentiment le plus parfait, dans ses divers modes d'habitudes, de mouvements, de repos et de formes. Tous ses accessoires sont harmonieusement conçus. Son *Repos de vaches* vous présente bien l'aspect d'une campagne tranquille ; on y respire le calme, rien qu'à voir celui de ces animaux et ce pays si paisible, si retiré, ces prairies si doucement arrosées. L'*Abreuvoir* vous ramène à un spectacle, où chacun de nous retrouve le charme d'un souvenir. Cette scène, où l'action est si simple et si commune, cette scène me fait redescendre mes jours d'enfance : voilà la fin de la journée, la lumière diminue, et les vaches arrivent nonchalamment à l'abreuvoir. Rien ne presse; l'une boit, l'autre respire le vent du soir; le sommeil et le silence planent déjà mystérieusement sur la campagne.

Duclaux serait peut-être le peintre le plus complet dans son genre, s'il possédait les ressources de la palette. Ses animaux sont dessinés supérieurement, ses fonds toujours bien appropriés au sujet, se distinguent par la simplicité et l'harmonie de l'aspect; mais sa couleur est terne, sèche; ses eaux et ses ciels ne sont pas bleus, mais lilas; ses arbres et ses prairies paraissent d'un vert tendre; dans ses animaux seuls sa couleur est meilleure parce qu'alors il copie exactement la nature. Au surplus, quelques soient leurs défauts, ses compositions ont un charme et un intérêt indéfinissables.

J'en trouve aussi dans une *vue prise à St-Marcellin* d'Achard; ce jeune peintre, encore au début de la carrière, laisse percer de précieuses qualités. Sa couleur est pleine d'effet et ne manque pas de vérité. Sa *Rue dans l'intérieur du Caire*, est une chose étrange et qui doit avoir la physionomie du pays.

Si la quantité suffisait, Dubuisson serait certain d'obtenir la palme de l'Exposition. Je ne compte pas moins de onze tableaux indiqués sur le livret. Vous avez pu voir à Paris, à la dernière Exposition, sa vue du village d'*Unterseen*. Cet ouvrage resta inaperçu, bien qu'il renferme de bonnes choses. Ici la manière de Dubuisson est fort goûtée du public, et pour ma part je ne saurais l'en féliciter, parce que ce serait le pousser dans une direction, qui me paraît compromettre l'avenir de son talent. Ce peintre s'est jeté dans un système de composition et de couleur, qui l'éloigne de plus en plus de la vérité et de la nature ; on dirait de la décoration de théâtre, toute conventionnelle, et qui a besoin d'être vue dans certaines conditions d'*éclairage* et de distance. Toutes ces vues portent une indication de lieux, et je ne puis croire qu'il y ait dans le monde entier des pays et des êtres doués de vie, ainsi faits. Tout cela me paraît l'œuvre d'une invention particulière, d'après un système de couleur combiné et adopté de dessein prémédité. Ses animaux, ses terrains, ses eaux, sa végétation, sont soumis à une nécessité d'existence dont je ne retrouve l'analogie dans aucune portion de la nature vivante. Et pourtant on découvre au milieu de tout cela une main exercée, une imagination qui possède le secret d'inventer et de produire. Sont-ce les yeux qui voient mal, ou l'intelligence qui s'abuse ? Je voudrais de grand cœur résoudre le problême, et pouvoir ramener l'artiste sur une route plus vraie.

En voyant ensemble quelques-uns des ouvrages de Dubuisson, un de mes amis m'en faisait une critique spirituelle et piquante. Je n'éprouve jamais l'envie, me disait-il, de pénétrer dans un de ces pays, car je ne saurais où mettre le pied ; comment sortir de cet entassement de montagnes, de ravins, de torrents, de broussailles, de planches pourries, de maisons délabrées, de ruines de tous genres ; évidemment ces pays-là ne sont pas habitables. L'observation me parût juste et résumer parfaitement les défauts de composition des paysages de Dubuisson.

L'*épisode de Montereau*, en 1815, est ce que j'ai vu de plus satisfaisant entre tous les ouvrages exposés par cet artiste. Dans cette scène militaire, il y a du mouvement et une entente de couleur plus vraie. Certains détails sont traités avec soin, et la pensée générale offre de l'intérêt.

Que vous dirai-je de Calame et de Lapito, qui nous ont gratifié d'une ou deux toiles ! Vous les savez par cœur, et ils n'ont sans doute envoyé que ce qu'ils ne jugeaient pas digne de Paris. Néanmoins j'ai reconnu la finesse de touche du premier, et dans le second un homme qui a l'expérience du métier.

Je n'en dirai pas autant de Leymarie, qui erre à l'aventure, cherchant le grand œuvre au milieu de sa palette. Le secret du créateur est difficile à atteindre ! O vie de la nature, puissance qui anime la matière et qui la pétrit en mille formes diverses, où caches-tu l'énigme de tes innombrables créations ? Nul ne la poursuit avec plus de volonté et d'ardeur ? Nul n'aspire avec plus de ferveur à atteindre ton image. Que tu es ingrat vis-à-vis ton serviteur ! Voilà *la fontaine de Vorage !* voilà *l'entrée du hameau de Vorage !* — Pourquoi ces pauvres brebis sont-elles si gonflées, qu'on les dirait attaquées de la clavelée ? et vos bœufs, jeune peintre, sont-ils changés en pierre ? Et ces arbres ! on croirait que vous les avez découpés pour les coller contre cet horison, où le soleil n'a laissé de sa lumière qu'une limpidité blanchâtre. — N'importe ! ne vous découragez pas ! il y a dans quelques uns de vos ouvrages de précieuses qualités ; vos horisons ne manquent ni d'air ni de profondeur ; et puis c'est une belle chose et une grande espérance que de travailler avec l'amour de son art et avec la conscience du mieux. Les échelons de 'art sont rudes à monter ; mais celui qui les aborde de front et avec foi, en atteint la cime bien mieux que celui qui veut y arriver d'un seul bond.

La vue du *pont de Mayres*, celles prises à *Sassenage* et à *Vicovaro*, de Fonville, témoignent d'une louable persévérance. Cet artiste, modeste et travailleur, profite de ce qu'il voit ! Qu'il n'oublie donc pas que la nature est le plus grand maître !

La page de Loubon est trop grande pour n'en pas parler ; d'ailleurs, elle le mérite intrinséquement. C'est une *vue prise au bord de la Durance;* le peintre a empâté d'une façon si luxurieuse, qu'on prendrait sa couleur pour un mastic. Cependant il y a un sentiment d'originalité répandu sur l'ensemble qui me fait bien espérer de l'avenir du peintre. Il y a de la vie et du mouvement dans son troupeau de chèvres, et dans sa composition de l'air et de la lumière, ces deux grandes difficultés de la peinture.

Mercey, sur trois tableaux, en a eu un d'acheté par la Commission. C'est justice ! Sa *Vue générale d'Amiens* et *une plaine au soleil couchant* sont des compositions estimables, auxquelles il ne manque pour être bien qu'un peu plus d'individualité. L'inconvénient pour les talents secondaires du séjour de Paris, c'est qu'ils se mettent à la suite de la tradition à la mode, et qu'ils se préoccupent de l'école plus que de la vérité.

Je regrette que Dauphin ne se soit pas borné à exposer son excellent portrait de Mme G***. — La *Chûte d'un bateau à la cascade de Tervi* et *une Scène de jalousie entre des bandits*

italiens sont de pauvres compositions ; en revanche, le portrait de Mme G*** est un des ouvrages les plus remarquables
en ce genre du salon. Justesse de ton, dessin correct, expression, vie, rien n'y manque. Les mains sont bien mode-
lées et la ressemblance doit être parfaite.

Au reste, le portrait devrait ne se montrer à une exposition
publique que quand il porte le cachet d'un grand talent. C'est
un genre dans lequel le médiocre n'est pas supportable. Aussi
je me garderai bien de vous faire passer en revue tous ceux
qui figurent à l'exposition. Il en est un cependant que je serais impardonnable de ne pas mentionner, celui de Cornu,
peint par lui-même. Cet ouvrage sort tout à-fait de la ligne
ordinaire ; l'auteur, dans ses productions, n'a jamais fait
mieux que cela, et son portrait de M. de Prony ne le vaut
certainement pas.

Vous me voyez fort embarrassé de classer une grande toile
de Mme Guymet, les uns en font un tableau d'histoire, une
Judith se disposant à couper le col à Holopherne, d'autres
soutiennent que c'est tout bonnement un portrait de femme.
Il me semble, en effet, que ce visage n'a jamais appartenu
à une juive, et je crois me rappeler avoir valsé avec l'original. Au bal, il n'est pas rare de voir des femmes en turban ;
c'est une coiffure qui leur sied bien et qu'elles affectionnent ;
or, on ne saurait conclure du turban que Mme Guymet a voulu
faire une Judith. Cependant, le bras, armé de je ne sais quoi,
pourrait, avec de la bonne volonté, se rapporter à une réso-
lution homicide. — Je ne sais, et vous laisse le soin de déci-
der la question.

Maintenant que vous connaissez à peu près l'ensemble de
notre Exposition, il me reste à vous entretenir de l'effet
qu'elle a produit sur le public lyonnais et sur les jugeurs par
état; résultat important à constater pour apprécier l'effet de
réaction que doivent en recevoir les artistes et l'art. Ce sera
le sujet de ma dernière lettre, qui servira en quelque sorte
de pièces justificatives aux deux premières.

Ve LETTRE.

Je ne saurais mieux terminer notre correspondance qu'en vous donnant un aperçu des impressions diverses produites par l'Exposition. Le sentiment du public et le jugement des écrivans ont une influence si directe sur les artistes, qu'on peut étudier en eux le caractère particulier de l'époque, et apprécier l'avenir de l'art par la situation présente. Vous verrez d'ailleurs combien les faits ont pris soin de justifier les opinions émises dans mes deux premières lettres, et si j'ai calomnié notre ville, en déplorant que les notions du beau et du vrai fussent si peu répandues dans tous les rangs de la population.

Enfin je dirai quelques mots des achats confiés au discernement du Comité de la Société des Amis des Arts; je chercherai à apprécier par le mérite des tableaux acquis, si ces actes d'encouragement sont conformes au but de l'institution, c'est-à-dire s'ils ont été distribués en vue de l'avancement de l'art, et si l'on peut raisonnablement en espérer une action favorable et sensible.

Et d'abord je dois dire que, contre mon attente, toute la cité, grands et petits, riches ou pauvres, travailleurs ou oisifs, se sont émus au bruit de l'Exposition. La curiosité publique s'est éveillée comme en présence d'un événement solennel ; la rumeur de ce spectacle nouveau perçait à travers les préoccupations de notre cité laborieuse, et soulevait à l'avance un intérêt de vive curiosité.

Aussi, à peine l'Exposition a-t-elle été ouverte, que la foule s'y est précipitée ! Il a fallu des soldats et des barrières pour contenir et discipliner la masse des curieux, et chaque jour ouvert au public a vu se renouveler le même empressement. Qu'il y ait eu engouement d'une chose nouvelle, on peut le croire ! Il faut pourtant conclure de là qu'il serait facile de faire revivre dans toute sa force la puissance des arts, et d'appliquer leur influence à une mission civilisatrice.

Maintenant si nous pénétrons avec la cohue dans l'enceinte du salon ; si, caché derrière elle, nous épions les mouvements de ses impressions, quelles tristes et étranges conséquences nous aurons à constater ! Ce sera devant la *Judith* de Mme Guymet, devant les *deux sœurs de charité*, devant le *portrait* de Mme Brune, que la foule ira brûler l'encens de son admiration. Vous verrez qu'un sein nu, une

Boucherie de M. Colin, ou le *Soldat blessé* de M. Genod, la feront tressaillir bien mieux que le *Dante* de Flandrin ou la *Napolitaine* de Court. Ce n'est pas la faute du peuple, s'il ne sait pas, emprisonné qu'il est dans sa vie de travail; et que voulez-vous qu'il apprenne dans ses heures de loisir, lorsque nos rues, nos places, nos monuments, nos établissements publics, n'ont rien qui puisse faire son éducation. A Rome, le moindre artisan dit son mot juste sur l'œuvre qu'on lui présente, parce que son imagination s'est agrandie et éclairée par les objets qui frappent journellement sa vue. Dans nos pays de routine, les choses précieuses se mettent sous clé; il semble que leur première destination soit, non pas d'être vues, mais d'être gardées; on enferme les tableaux, on entoure de barrières les statues; on bâtit des prisons, des casernes, des greniers à sel, ou des maisons à entasser le plus grand nombre de locataires possibles, si bien que dans les lieux où va la population, qui ne peut ni choisir ses heures, ni payer ses plaisirs, aucun spectacle, aucun monument ne vient développer son jugement et graver dans sa mémoire la valeur comparative des productions d'art. Les églises, qui pourraient être, comme autrefois, les musées du peuple, ont été dépouillées; de leur splendeur passée, il ne leur reste que quelques misérables tableaux, plus propres à dépraver le goût qu'à l'éclairer.

Ainsi donc pardonnez comme moi, à ce pauvre peuple, d'avoir quelque peu prostitué son enthousiasme. La portion du public, qu'on est convenu d'appeler la classe supérieure ne s'est pas montrée moins ignorante; le clinquant, la recherche, les effets pailletés ont attiré ses yeux, bien plus que la simple et bonne vérité.

Il y a ici surtout une classe de gens qui, en peinture, se croit autorisée à dire le dernier mot ; je veux parler des dessinateurs de fabrique. Rien de plus naïf et de plus curieux que l'aplomb avec lequel ils décident en dernier ressort du mérite de tel ou tel ouvrage ! Parce qu'ils ont quelque peu appris comment se fait une feuille d'arbre ou une tulipe, les voilà qui se posent hardiment les dispensateurs de l'éloge ou du blâme. Auprès de ces Messieurs les paysages de Dubuisson font fortune, parce qu'au moins là ils pourraient à la rigueur mettre en carte les plantes, les fleurs, et jusqu'aux feuilles d'arbre ; et ils ne se doutent pas que ce qui les charme est justement le plus mauvais côté du faire de Dubuisson. Pour eux un paysage n'est pas la vue d'un pays mais le fini de la corolle, de la pétale et de la feuille ; peu leur importe, qu'à la distance où le peintre vous montre son tableau, il soit impossible de distinguer autre chose qu'un aspect. Épiloguez, Messieurs, tant que vous voudrez sur une corbeille de fleurs ; mais permettez-nous d'avoir aussi sur un tableau d'histoire ou de paysage un sentiment qui diffère du vôtre !

Quant à la presse elle ne s'est occupée de l'Exposition, que fort accessoirement, et sans y attacher plus d'importance qu'à un feuilleton de théâtre. Elle a accompli son devoir de contrôle, comme une tâche, comme l'exécution d'un engagement pris envers ses abonnés et nullement pour satisfaire à sa haute mission par une critique éclairée et consciencieuse. Aussi a-t-elle réduit sa parole à l'exiguité du rôle qu'elle s'était choisi. — Le *Courrier de Lyon* a écrit quelques phrases tendant à constater l'état de la peinture en France et je pourrais invoquer ce qu'il a dit de l'anarchie de l'art pour justifier ce que j'ai avancé moi-même, si nous ne différions pas sur les causes. Le *Courrier de Lyon* ne fait d'ailleurs qu'effleurer la question, se confiant en M. Ingres, comme en un autre sauveur des principes d'ordre de la peinture. Ce journal a consacré trois ou quatre articles à la revue de l'Exposition; ils ne sont pas autre chose qu'une paraphrase composée de lieux communs, distribués à tous en forme d'encouragement.

Le *Censeur* ne s'est pas élevé plus haut : il s'est borné à une revue minutieuse de l'Exposition présentée sous une forme assez triviale : l'auteur conduit son enfant au Salon, et fait corriger par cet enfant les ouvrages de chaque artiste. Encore si cet enfant nous donnait simplement l'expression naïve de sa sensation, mais le petit bonhomme raisonne peinture comme un broyeur de couleur; les termes d'art ne lui coûtent pas, et le papa recueille et transmet ses observations au public avec tout le respect que mérite l'enfance.

J'ai lu dans le *Réparateur* deux ou trois bons articles qui renfermaient des appréciations justes, bien déduites, et présentées avec dignité.

Je ne vous parle pas des petits journaux et de la *Revue du Lyonnais*, pressé que je suis d'arriver aux *Lettres d'un Rapin*, publiées par le *Journal du Commerce*. Ces *Lettres* ont fait du bruit, parce qu'elles ne manquaient pas d'un certain mordant. S'embarrassant peu d'être juste, encore moins d'être utile, mettant de côté toute timidité de style, tranchant dans ses admirations ou ses antipathies, ayant soin de barder ses jugements de force termes du métier, cachant la pauvreté de la pensée sous un jargon sautillant, l'auteur a voulu être fidèle à sa qualité de rapin. Le jeu de mot a été son ambition, la pointe sa bonne fortune, la charge son bonheur; il a, à peu près, déchiré tous ceux qui ne rentraient pas dans le nombre de ses camarades; et quels camarades! les noms les plus obscurs, ou les talents les plus médiocres. — En vérité, peut-on appeler cela de la critique! —Non certes! La critique est une mission de justice et de vérité, et non pas un prétexte à de misérables personnalités. Il a paru aussi un petit pamphlet sous le titre de : *Feu sur tous!* signé par M. Duflot; cette bluette, piquante par le style, et légère pour le fond, n'a pas eu la prétention d'une critique sérieuse, et ne sort pas d'ailleurs des limites du bon goût; voilà, à peu près, mon cher ami, tout ce qui a été écrit sur le salon. Si j'entrais dans de plus amples détails, il me serait facile de démontrer que chaque part de louange et de blâme a rencontré sa contradiction dans la feuille opposée d'opinion ou de coterie. Qui croire dans cette conflagration de jugements divers, appuyés les uns et les autres sur des bases aussi fragiles? Quel profit l'artiste peut-il retirer d'appréciations aussi dissemblables, qui se détruisent en quelque sorte réciproquement, présentées qu'elles sont avec la même faiblesse. Pas un nom ne s'est levé avec l'autorité du talent et de la science, et pas une question d'art n'a été traitée, parce que, je vous l'ai dit, l'art est un intérêt secondaire et incompris, luttant, pour

prendre dans le mouvement social la place qui lui appartient!
Le rôle de la presse a été l'effet de cette triste vérité.

Les acquisitions faites par le Comité de la Société sont en
général satisfaisantes. Je vous en envoie la liste. Il y a eu
pourtant des concessions faites à je ne sais quel esprit de
faveur; on a voulu contenter tout le monde, éviter les plaintes ou les récriminations, tandis que le point capital eût été
l'exercice d'une justice rigoureuse; bien que la plus large
part ait été faite aux ouvrages vraiment méritants, rigueur
entière devait être gardée aux choses médiocres ou mauvai-
ses. Pourquoi donner le moindre encouragement à celles-
ci? elles ne sont que trop portées par leur nature à pulluler!
Que là où se montrent des promesses d'avenir, des germes
de progrès, on aide à les réaliser, rien de mieux! mais une
institution qui a pour but l'amélioration de l'art devrait
n'admettre aucune transaction en opposition avec son but,
sous peine de le frapper au cœur.

Vous comprenez qu'il ne me convient pas d'entrer dans
des discussions de personne; ce qui précède ne soulèvera
déjà que trop de réclamations! les choix sont faits! je ter-
mine donc en souhaitant sincèrement que les distinctions de
la Société des Amis des Arts excitent une louable ardeur
parmi les artistes; nul ne s'intéresse plus que moi, par
sympathie, par nature, aux progrès des arts! Je bénis toute
pensée qui se rattache de près ou de loin à ce noble sentiment; puisse donc celle de la Société des Amis des Arts fé-
conder l'avenir, plus que je ne l'espère!

4.

<h3 style="text-align:center">VIe LETTRE,</h3>

EN FORME DE POST SCRIPTUM.

Mon cher ami,

Avez-vous pu trahir ainsi le secret de lettres toutes confidentielles? Votre indiscrétion me force à reprendre la plume, car l'éditeur que vous avez bien voulu me choisir, est venu me relancer en votre nom. Non content de ma volumineuse correspondance, et, sans plus de souci de mon consentement, il voudrait que je lui écrivisse des volumes sur chaque tableau de l'Exposition. Pauvre homme ! si je lui voulais du mal, je le ferais ; ce ne serait pas le plus mauvais moyen de le ruiner. Heureusement pour ce loyal éditeur, j'ai beau me creuser la tête, je ne trouve rien à dire de plus.

Il m'affirme cependant que vous ne serez pas satisfait, qu'il n'est pas mauvais tableau qui ne renferme une parcelle de bien ; que d'ailleurs mon silence calomnie des ouvrages dignes d'une mention honorable.

Cette dernière considération m'a donné à réfléchir, si bien que je retourne au salon , accompagné de mon impitoyable éditeur. Je ne connais rien de plus effroyablement tenace qu'un éditeur !

Eh bien ! Monsieur, nous voici dans le sanctuaire ! sur quel chef-d'œuvre vous faut-il mon sentiment ? Puisque je vous appartiens depuis la première feuille du livret jusqu'à la dernière, parlez , interrogez, me voilà dans l'attitude d'un véritable prévenu, l'œil suppliant et l'esprit attentif. Parlerons-nous de Mᴵˡᵉ Petit-Jean ,

> de M. Bernier,
>
> de M. Smith ,
>
> de M. Cartellier ,
>
> de M. Goutay ,
>
> de M. Berré ,
>
> de Mᴵˡᵉ Janet ,
>
> de M. Chavanne ,
>
> de M. Jubany,
>
> de M. Abriou,
>
> de M. Albert Durade ,
>
> de Mᵐᵉ Arlaud ,
>
> de M. Bonnet,
>
> de M. Blanc ,
>
> de M. Bonirote ,

de M. et Mme Joly,

de M. Bost,

de M. Castin,

de M. Chabanne,

de M. Curtet,

de M. Deville,

de M. Dupré,

de M. Faivre,

de M. Franquelin,

de M. Georges,

de M. Gilio,

de M. Girard,

de M. Drée,

de M. Guigon,

de M. Jardinet,

de Mlle Laurent,

de Mlle Lemire,

de M. Flacheron,

de M. Ravanat,

de M. Reverchon,

de M. Richard,

de M. Rouillet,

de M. Saint-Ève, qui n'a rien de commun avec

M. Saint-Evre.

de M. Trayer,

de Mme Verdé de Lisle,

de Mme Chantereine,

de M. Pernot,

tous honorables exposants ou exposantes ? faut-il que j'exhume du fond de leurs œuvres les éminentes qualités qui y sont profondément cachées ? — Non ! — Vous pensez que l'énumération de leurs mérites ne donnerait pas à votre livre un lustre de plus. — Soit. —

Est-ce M. Bourrit (Daniel-Alexis) et sa *Vue prise à Villeneuve-lès-Avignon*, qui vous tentent ? — Alors c'est que vous n'êtes jamais allé à Avignon. — Moi, je ferme les yeux devant cette toile grisâtre, de peur de gâter mes souvenirs !

Peut-être voulez-vous du bien à la famille Colin ? — Seriez-vous, par hasard, parent, ami ou allié de cette pépinière d'artistes ? — Dans ce cas, rendez-leur le service de fournir des titres à leurs tableaux. C'est la seule chose indispensable pour les comprendre.

Ah ! je devine, vous êtes classique, et je n'ai pas dit le plus petit mot d'*Appelles et Phryné*, de Couder, tableau qui, je vous l'assure, n'est pas né d'hier, à en juger par les contorsions agréables des divers personnages. — Je n'y suis pas encore ! — Etes-vous admirateur des ombrages de M. Désombrages, ou affectionnez-vous M. Fontaine ? — Non ! — Ses *Rendez-vous* n'en sont pas un pour vous. — Tant mieux ! — Vous préférez peut-être M. Genod, ce peintre de la charité chrétienne, du courage malheureux et de la douleur maternelle, le tout surmonté d'un obus que l'artificier des fêtes publiques lui envierait.

Si décidément l'obus fait tort dans votre esprit au soldat blessé, je puis vous mener devant un autre blessé peint par Mlle Quindt, mais privé de l'obus flamboyant ; un blessé de

Juillet! — Voulez-vous une tirade sur le blessé des barricades, qui se livre au plaisir de retrouver sa femme, son enfant et ses pantoufles avec une joie un peu terne?

Tenez : voici, je crois, qui remuera plus vivement votre sensibilité. *La duchesse de La Vallière, retirée au couvent, pinçant de la harpe!* — Qu'en dites-vous! voilà un titre! si M. Colin avait le bonheur d'en trouver de pareils!

Vous me permettrez, j'espère, de sauter par dessus les fossés de M. Brune, fossés luisants et bien entretenus, comme tous ceux que fait le génie; — je parle du génie militaire, auquel seul se rattache le talent de M. Brune......

Ici, mon éditeur m'a pris par le bras et s'est décidé à me conduire lui-même. Voilà de la peinture, a-t-il dit, en s'arrêtant devant le *Poète et son Libraire*, tableau de Mme Haudebourt-Lescot! — Oui, c'est de la peinture fine et léchée; le libraire a bien l'expression grognarde et défiante; le pauvre poète se démène jusqu'au blanc des yeux, et la jeune personne le lorgne d'assez bon air; les costumes du temps, les détails d'ameublement, sont scrupuleusement rendus; il n'y manque rien, pas même l'épagneul de nos grand'mères. Mais tout cela a quelque chose d'apprêté et de théâtral, qui me rappelle la vieille comédie française; la jeune fille minaude à travers son inquiétude amoureuse; le libraire fait le bourru plus qu'il ne l'est, et le poète n'a ni la maigreur maladive de Chatterton, ni la souffrante indignation de Gilbert.

Et que direz-vous d'un épisode de la *Campagne de Russie* de Johannot? — Rien, sinon que voilà une bien grande dépense de couleurs pour une scène qui pourrait avoir un certain succès dans les musées ambulants.

Et l'*Henri IV* de Robert-Fleury? — Les serviteurs du bon roi sont drôlement éplorés; où est le désordre, suite nécessaire d'un évènement pareil? le hallebardier prend une figure *barbe-bleue*, et n'oublie pas même sa consigne.

Et cette *Vue de Rouen* de Justin Ouvrié? — C'est bien! — Et le *Châteaubriand* de M. Fragonard père, le *Catafalque de Léon X*, par Rey Laurasse (de Lyon)? — Grâce! grâce! — Et *le cardinal de Richelieu annonçant* mélodramatiquement *à Marie de Médicis son exil hors de France?* — Vous l'avez dit, c'est de la vérité de mélodrame; tout cela est faux et exagéré, n'en déplaise à M. Marquet.

Maintenant ma tâche est finie!

— Pas encore, reprit mon éditeur effaré; et les fleurs! les fleurs, cette admirable spécialité, sans laquelle Lyon ne serait rien. — Il me faut un long article sur les fleurs.

— Eh! je ne suis pas botaniste, mon très-respectable éditeur.

— N'importe, Monsieur!

Là-dessus, moitié par prière, moitié par force, il m'a fait passer devant toute espèce de touffes de fleurs, parsemées de nids d'oiseaux, de papillons, d'escargots, de mouches et d'autres insectes; les couleurs étaient si fraîches, le velouté si transparent, les étamines si légères, que ma main s'est avancée pour saisir ces bouquets suaves. En examinant de plus près, j'ai lu les noms de MM. Saint-Jean et Berger; — et tout aussitôt je me suis enfui, pour échapper à l'interminable persécution de mon excellent typographe!

Adieu! ami; — et cette fois pour tout de bon!

LISTE DES TABLEAUX ACQUIS

PAR LA SOCIÉTÉ DES AMIS DES ARTS.

ACHARD.

Vue prise aux environs de Saint-Marcelin. — Une rue dans l'intérieur du Caire (Égypte).

BERGER.

Couronne de Fleurs entourant un bouquet de roses.

BONNEFOND.

Tête de Moine. — Une jeune Glaneuse italienne. — Autre Tête de Moine.

BRUNE (Mme), née Pacès.

Portrait d'une jeune Femme.

CALAME.

Vue prise près de Lausanne,

DESOMBRAGES.

Scène d'artistes dans les montagnes de la Suisse.

DIDAY.

Orage sur le lac de Genève. — Le Winkelried (bateau à vapeur sur le lac de Genève).

DUBUISSON.

Pont en Royan. — Vue d'un Moulin dans le Dauphiné.

DUCLAUX.

Un Repos de Vaches.

FINART.

Cavalier Turc parlant à deux Bédouins. — Sujet Arabe. — Autre Sujet Arabe.

FONVILLE.

Vue prise à Vicovaro.

FRATIN.

Sept Bronzes,

GILIO.

Vue intérieure du Chœur de la cathédrale de Chartres (aquarelle). — Vue intérieure du dôme de Milan,

GIRARD.

Vue prise dans le département du Puy-de-Dôme (dessin à la Sepia).

GOUTAY.

Vue d'une partie de l'ancien Château de Thiers, sur la place du Piroux (marché aux fruits).

GUINDRAND.

Vue prise à Gonesselin. — Vue des environs de Salerne, royaume de Naples. — Une Plage du Nord.

JACQUAND.

Blanche de Bourbon.

JUSTIN OUVRIÉ.

Vue de Rouen, prise du Cours. — L'Eglise de St-Georges des Grecs, à Venise. (Aquarelle).

LAPITO.

Vue prise à Baume Sisteron (Basses-Alpes.

MERCEY.

Vue générale de la ville d'Amiens.

RENOUX.

Intérieur d'un Cloître près Aberweser. — Vue d'un Souterrain dans le château d'Artembourg. — Vue extérieure de l'Eglise de Saint-Aventin, près Laguère-de-Luchon.

ROBERT-FLEURY.

Henri IV rapporté au Louvre après son assassinat,

SAINT-JEAN.

Un Bouquet placé dans une écorce d'arbre et abandonné au courant d'un ruisseau.

SAINT-EVRE.

La Grand'Maman,

THIERRIAT.

Gerbe de Roses trémières. (Dessin à l'aquarelle).

THUILLIER.

Moulin de Walzin. — Château de Walzin, près Dinant (Belgique). — L'Abbaye de Donc, près le Puy (Haute-Loire). — Forêt des Ardennes.

(DEUX CONCOURS).

9 782329 262192